AF413825

बूंद और फुहार

राहुल कुमार

यह संग्रह उस अदृश्य शक्ति – परमात्मा को समर्पित है,जिसकी कृपा से मैं कुछ लिख सका। लोग पूछते हैं कि ये कविताएँ, ग़ज़लें कैसे जन्म लेती हैं ? पर सच तो यह है कि जब प्रकृति मेहरबान होती है, तो भाव अपने आप उतर आते हैं। मैं नहीं जानता परमात्मा है या नहीं, मगर जो कुछ भी रचा गया, वो उसी की प्रेरणा से संभव हो सका।

क्रम-सूची

क्रम-सूची

क्रम-सूची

सच समझेंगे लोग तो ऐसे हैरत करेंगे   87

आप भी परेशान है मेरी हकीक़त से   89

• vii •

भूमिका

"बूंद और फुहार" मेरे भीतर की भावनाओं, अनुभवों और विचारों की अभिव्यक्ति है। यह संग्रह प्रेम, पीड़ा, समाज, आत्मचिंतन और जीवन की उन क्षणों को समेटे हुए है जिन्हें शब्दों में पिरोना आसान नहीं था, पर ज़रूरी था। कभी एक बूंद बनकर कोई भाव गहरा असर छोड़ गया, तो कभी फुहार की तरह हल्का होकर मन को शीतलता दे गया। यही द्वंद्व, यही बहाव इस पुस्तक की आत्मा है। यह संग्रह उस अदृश्य शक्ति (परमात्मा) को समर्पित है, जिसने मुझे महसूस करने और व्यक्त करने की शक्ति दी। मेरी कामना है कि पाठक इन रचनाओं को पढ़कर न केवल अर्थ, बल्कि भावना को भी महसूस करें। - राहुल

पावती (स्वीकृति)

इस काव्य-संग्रह "बूंद और फुहार" के निर्माण में जहाँ मेरी अपनी भावनाओं, अनुभवों और कल्पनाओं की भूमिका रही, वहीं कुछ ऐसे लोग भी हैं जिनके सहयोग, प्रोत्साहन और मौन समर्थन के बिना यह सम्भव नहीं हो पाता। मैं सबसे पहले उस परम शक्ति का आभार प्रकट करता हूँ, जिसने मुझे भावनाएँ दीं, सोचने का दृष्टिकोण दिया और शब्दों का माध्यम दिया, जिससे मैं स्वयं को व्यक्त कर सका। मैं अपने माता-पिता और परिवार का हृदय से आभार व्यक्त करता हूँ, जिन्होंने मुझे जीवन, संस्कार और सहनशीलता दी। उनके विश्वास ने मेरी लेखनी को दिशा दी। साथ ही, उन सभी मित्रों, पाठकों और आलोचकों का भी धन्यवाद करता हूँ, जिनकी प्रतिक्रियाएँ, सुझाव और प्रेरणाएँ मेरी रचनाओं में निखार लाती रहीं। यह पुस्तक केवल मेरी नहीं, उन सभी का साझा प्रयास है जो मेरे जीवन की "बूंदों" और "फुहारों" में साथ रहे। आप सबको मेरा स्नेह और आभार। - राहुल

आमुख

"बूंद और फुहार" एक भावनात्मक काव्य-संग्रह है, जिसमें प्रेम, पीड़ा, अकेलापन, आत्मचिंतन और समाज के विविध रंगों को शब्दों के माध्यम से अभिव्यक्त किया गया है। हर कविता किसी भावना की बूंद है और हर शेर एक संवेदना की फुहार। यह संग्रह पाठकों को उनके अपने अनुभवों से जोड़ता है और भावनाओं की उस यात्रा पर ले जाता है, जहाँ शब्द आत्मा से संवाद करते हैं।

प्रस्तावना

"बूंद और फुहार" केवल शब्दों का संकलन नहीं, बल्कि उन अनुभूतियों की यात्रा है जो कभी चुपचाप भीगती हैं मन के भीतर
तो कभी तेज़ बारिश की तरह बरसती हैं पन्नों पर। यह संग्रह प्रेम, पीड़ा, समाज, आत्ममंथन और जीवन के विविध रंगों से सजी उस कविता की तरह है जिसमें एक बूंद–छोटा, सीमित और निजी अनुभव है, और फुहार–उसे व्यक्त करने की कोशिश, जो कई दिलों तक पहुँचे। हर कविता, हर ग़ज़ल, लेखक की आत्मा का एक अंश है कभी टूटा हुआ, कभी खिलता हुआ।
यह पुस्तक उसी आत्मीय प्रवाह की एक विनम्र प्रस्तुति है। आशा है, आप हर शब्द में अपने मन का कोई कोना पाएँगे, और इन बूंदों में भीगकर, खुद को थोड़ा और महसूस कर पाएँगे।

1. बूंद और फुहार

बादल करे बादल से पुकार,
चलो तुम चलो गगन के पार ।
प्रेम से यूँ भर आईं आँखें,
आँसू निकले जैसे धार ।
बूंद और फुहार ।

धरा सदियों से लिए प्यास,
कर रही जीने का प्रयास ।
धरा हँस कर कहती दुख को–
यार, तेरे कितने हैं प्रकार !
बूंद और फुहार ।

देखो, बूँद गिरी है नभ से,
हवा कहती जाती है सब से ।
फूल खिल उठे हैं खुशियों से,
कितना सुंदर है संसार ।
बूंद और फुहार ।

बूंद यूँ गिरती पर्वत पर,
तुमने क्या लिखा है खत पर?
इंद्रधनुष की झाँकी प्यारी,
देखो, देखो नदी के पार ।
बूंद और फुहार ।

2. सांझ सफर

अब आता कुछ भी रास नहीं,
और जीने का प्रयास नहीं ।
त्याग दिया प्रकाश ने यूँ,
अंधकार में डूबा मेरा घर,
मैं जैसे एक सांझ सफर ।

गाँव ने बंद कर लिए दरवाज़े,
जंगल में हुआ सन्नाटा ।
मैं बाग का सूखा पेड़,
जिसे हँस-हँस कर सबने काटा ।
पागल बन दर-दर भटकूँ,
मेरी आत्मा बैठ गई थककर,
मैं जैसे एक सांझ सफर ।

मैं हाथी था मतवाला,
जिसे समय के साँप ने डस डाला ।
हर जगह मुझे बस द्वेष दिखे,
चाहे मंदिर हो या मधुशाला ।
ऐसी आँखों का क्या मतलब,
जो सही-गलत न आए नजर,
मैं जैसे एक सांझ सफर ।

3. परित्याग करो

अब खत्म करो संवाद,
लगा दो मेरे चरित्र पर दाग ।
विरह में पागल मेरा मन,
जैसे वन में घायल काग ।

हाँ, नाग डँसे जैसे तन में,
मृत्यु समा गई मेरे मन में ।
घी से जैसे खून की ख़ुशबू,
जैसे चिता की आग हवन में ।

मुझे जला कर रौशन अपना बाग करो,
हाँ, करो मेरा परित्याग करो ।
अब एक क्षण न बर्बाद करो,
हाँ, करो मेरा परित्याग करो ।

करो पूरी अपनी अभिलाषा,
फेंको, फेंको तुम अपना पाशा ।
और करो बदनाम हमें,
एक नुस्खा नया ईजाद करो,
हाँ, करो मेरा परित्याग करो ।

4. मेरा अंत है महक रहा

यह सच है या फिर स्वप्न है,
माँ का आँचल है या फिर कफ़न है ?
नयन से सूख चुका पानी,
सूखकर हलक रहा,
मेरा अंत है महक रहा ।

बैठा हूँ माँ की गोद में,
कुछ भी नहीं बोध में ।
जल रही मेरी साँस है,
शीतलता भी है क्रोध में ।
दरिया जैसा पानी मुझमें,
और दिल मेरा दहक रहा,
मेरा अंत है महक रहा ।

हवा भी ऐसे बह रही,
जैसे कुछ मुझसे कह रही ।
जमीन मुझे घूरती है,
और घूरता यह फलक रहा,
मेरा अंत है महक रहा ।

कभी हाथ को सहला रही,
कभी सिर मेरा पकड़ रही ।
मेरे लिए जैसे मेरी माँ,
मौत से झगड़ रही ।

वातावरण है शांत,
बस कौआ कोई चहक रहा,
मेरा अंत है महक रहा ।

मैं जाग भी रहा हूँ,
और मैं सो भी रहा हूँ ।
खुशी हो रही है,
और मैं रो भी रहा हूँ ।
आँखें थक गई मेरी,
और स्थिर यह पलक रहा,
मेरा अंत है महक रहा ।

5. हे कृष्ण, कहो न बात करे

बीत गए कई दिन कृष्णा, बीत गई कई रातें,
तरस रहे हम करने को उनसे जो दिल की बातें ।
आँखें ऐसे आँसू उपजे,
जैसे बादल बरसात करे,
हे कृष्ण, कहो न बात करे ।

मैं ठहरा नादान प्रभु,
कर सका न उसका सम्मान प्रभु,
जो कुछ गलती हुई मुझसे,
वही गलती न वो मेरे साथ करे,
हे कृष्ण, कहो न बात करे ।

किस-किस प्रकार मैं क्षमा माँगू,
कैसे विनती करूँ अपने मन से,
मैं ठहरा प्रेम का भूखा प्रभु,
मुझे लोभ नहीं उसके तन से ।
जीवन-मरण सब एक सा हो,
ऐसे न मेरे हालात करे,
हे कृष्ण, कहो न बात करे ।

कोई अनर्थ न मेरा भाग्य करे,
ऐसे न मेरा वो त्याग करे,
जब प्रेम की रेखा छोटी हो,
तो इसमें क्या कोई हाथ करे?
ऐसे मुझसे वो बंट न जाए,
जैसे कोई धर्म और जात करे,
हे कृष्ण, कहो न बात करे ।

मुझे सुनना है उसकी आवाज प्रभु,
हे माधव, रखो लो मेरी लाज प्रभु ।
राधा के बिन तुम जैसे हो,
जैसे चाँद के बिन क्या रात करे,
हे कृष्ण, कहो न बात करे ।

6. कभी ये मेरे शब्द तुम्हारे होंगे

कभी ये मेरे शब्द तुम्हारे होंगे,
कभी होंगे तुम्हारे ये मेरे ग़म, मेरी खुशियाँ ।
अभी मैं भी फूल हूँ, तुम भी फूल हो,
मैं भी धूल हूँ, तुम भी धूल हो ।

कभी जलेंगे तुममें भी अहंकार के दीप,
तुम भी चाहोगे चलना एक सफ़र पर ।
कभी किसी को तलाशोगे,
कभी सर टकराओगे उसके दर पर ।

तुम अपनी दुनिया में शांत होंगे,
क्या हो गया है इस लड़के को?
सब सोचेंगे घर पर ।

अभी आज़ाद हो, तो ज़िम्मेदार होना चाहते हो,
कभी ज़िम्मेदारियों का बोझ होगा सर पर ।

यही रीति-रिवाज रही है दुनिया की,
यही रहेगी सभी के लिए ।

उम्मीदों के दिए बुझाते हैं लोग,
इंसान की चिता जलाने के लिए ।

7. भगवान है?

मुझसे अब नहीं कोई पूछता,
क्या भगवान है?
पूछता तो भी मैं ना ही कहता,
क्योंकि एक शक्तिमान,
जिसके वजह से मेरा वजूद है ।

मैं उसी का होकर रह जाता,
फिर मैं किसको ठगता, अपना पाप कैसे छुपाता?
फिर अकड़ कर भी कहाँ चल पाता,
अगर जानता मैं कि भगवान है ।

ये बस मैं कहता हूँ
क्योंकि एक शक्ति मिलती है,
कि कोई तो है मेरे साथ खड़ा ।

याद भी नहीं आती कभी उसकी,
फिर कभी आती भी है तो,
दुख में, दर्द में, ग़म में ।
हाँ ठीक है, तुम जलाओ दिए,
पर क्या ख़ाक रहेगा भगवान,
जब इंसान नहीं बचा है हम में ।

8. डायन

हुई अमावस की रात है काली,
कहीं है बिजली गिरने वाली ।
चेहरे पर भयानक मुस्कान,
आँखों में लिए रक्त की लाली ।

डायन चली नगर की ओर,
डायन अब नहीं रुकने वाली ।

इसको करना है अपने मन का,
अभी नशा है इसको यौवन का ।
पायल करती ऐसी आवाज़,
जैसे बिगुल है बजता रण का ।

गाती है गीत कोई शोक का,
पीटती दोनों हाथ से ताली ।
डायन अब नहीं रुकने वाली ।

यम के घर में काल मेहमान,
नगर जैसे हो गया है श्मशान ।
कभी रुक जाती देख महल को,
कभी चलती है हाली-हाली ।
डायन अब नहीं रुकने वाली ।

मर्द के हो गए हैं बुरे हाल,
उसकी आहट से आत्मा निकाल ।
पुकारती है ऐसे प्रेम से सबको,
जैसे शब्दों का हो कोई जाल ।

खेल रही है लोगों के डर से,
लेकर बलि की रस्म की थाली ।
डायन अब नहीं रुकने वाली ।

9. कभी इस पार, कभी उस पार

जीवन बित रहा क्षण-क्षण में,
है अभिमान कि मैं हूँ तन में ।
कैसे कहूँ मैं उसको बात,
साथ जो छोड़ गया है रण में ।
प्रेम वो करे जैसे व्यापार,
समय ने खींची समय की रेखा,
कभी इस पार, कभी उस पार ।

मेरे नक्षत्र नहीं हैं अक्ष में,
कौन अब फैसला ले मेरे पक्ष में ।
खुद को चाहे कर लो ऊँचा,
ऊँचे हो जाओगे सच में ।
जाओ तुम भी फिर जीते,
करता हार को मैं स्वीकार ।
समय ने खींची समय की रेखा,
कभी इस पार, कभी उस पार ।

लोग हैं खोखले और संसार,
करना है आग का दरिया पार ।
सार कोई लिखे जैसे खिलवाड़,
आधी रात को मौत का दस्तक,
प्रिय, जाओ तुम खोलो किवाड़ ।
समय ने खींची समय की रेखा,
कभी इस पार, कभी उस पार ।

10. एक साफ सा ऐसा दर्पण हो

क्या समय है चल रहा,
जहन में क्या-क्या पल रहा,
हर बात पर मैं ही सही,
ये तो न कोई हल रहा ।
आजाद कर खुद को जहां से,
और बोल दे जो तेरा मन हो,

खुद को जिसमें देख सको,
एक साफ सा ऐसा दर्पण हो ।

कोई भाव नहीं स्वभाव में,
विचार से विचित्र है,
अरे नादान, ये तेरा जीवन है,
न कोई चलचित्र है ।
ऐसी भी न समझदारी हो,
ऐसा भी न पागलपन हो,

खुद को जिसमें देख सको,
एक साफ सा ऐसा दर्पण हो ।

न सीता सी कोई नारी होगी,
न राधा सा कोई पात्र होगा,
न अर्जुन जैसे वीर होंगे,
न एकलव्य जैसा कोई छात्र होगा,
न राम होंगे, न कृष्ण होंगे,
न युधिष्ठिर सा कोई मात्र होगा,
और झूठ कब तक जीतेगा,
अगर सत्य पर तुम समर्पण हों,

खुद को जिसमें देख सको,
एक साफ सा ऐसा दर्पण हो ।

11. एक चिड़िया मस्तखोर

एक परिंदा मस्त मलंग,
मस्ती से भरकर अंग-अंग,
उड़ चली गगन की ओर,
एक चिड़िया मस्तखोर ।

बैठती कभी जाकर मुंडेर,
कभी बदलती रहती पेड़,
इसकी चोंच है कितनी छोटी,
पागल करती कितना शोर,
एक चिड़िया मस्तखोर ।

आंगन में रख दे जो पग,
मन को लेती ऐसे ठग,
बता, कहाँ है तेरा ठिकाना ?
तुझे जाना कहाँ है बोल,
एक चिड़िया मस्तखोर ।

12. रग-रग लहू की धार है

तू धरा का धीर है, जनम-जनम से वीर है,
चीर कर जो भस्म करे, वो अखंड तीर है,
इतिहास की है वापसी, बनने को नया सार है,
रग-रग लहू की धार है ।

रात भी प्रकाश हो, तेरे मन में जो विश्वास हो,
पापियों के अंत को, तू यम का मृत्यु-पाश हो,
तू अडिग चट्टान सा, तेरी शक्ति भी अपार है,
रग-रग लहू की धार है ।

कर प्रतिज्ञा जैसे भीष्म का,
बन जा तू आग जिस्म का,
उदय है नया सूरज, अब कहाँ पर अंधकार है,
रग-रग लहू की धार है ।

अपने हक को तू ले छीन, हो जा खुद में तू विलीन,
आसमान छू ले जो कर ले खुद पर तू यकीन,
हृदय का उदय हो, तेरे शब्दों का ऐसा वार है,
रग-रग लहू की धार है ।

दूर अहंकार से, बच पाप के हर वार से,
ज्ञान की तू गंगा है, दूर तिरस्कार से,
धर्म पर तू है चला, तू सत्य का अवतार है,
रग-रग लहू की धार है ।

13. भेजो प्रिय संदेश

गगन से भेजो प्रिय संदेश,
कहो तुम, कहो कौन सा देश ।
साँस का जाना नहीं है मृत्यु,
चाहने वाला जब तक कोई शेष ।

तुम जा बनी नभ में कहीं तारा,
यहाँ मैं दर-दर भटकूँ मारा,
जितने की न दो उम्मीद,
समय से लड़कर हूँ मैं हारा ।

मिलता हूँ तुमसे हर शाम,
जब देखता हूँ तुमको मैं छत से ।
लिखता हूँ तो काँपते हैं हाथ,
आँसू जैसे आ जाएँ खत से ।

छोड़ो, कहो तुम अपना हाल,
सूरज देता क्या तुमको लाली ?
बादल रंगते हैं क्या बाल ?
हाँ, तुम तो लगती होगी पड़ी,
और यहाँ मेरा योगी जैसा हाल ।

जिंदगी से लेकर कर छुट्टी,
जिम्मेदारियों से लेकर अवकाश।
आऊँगा, आऊँगा मैं प्रिय,
एक दिन जल्द ही तुम्हारे पास।

जिंदगी से लेकर कर छुट्टी,
जिम्मेदारियों से लेकर अवकाश।
आऊँगा, आऊँगा मैं प्रिय,

14. सब बढ़ रहा विनाश को

समाज सारा भ्रष्ट, इसे घेर रहा कष्ट,
सच की आँखें बंद, झूठ देखता स्पष्ट,
दुनिया काल में समा रही, समय है चंद साँस को,
सब बढ़ रहा विनाश को ।

धर्म है जुबान पर, और पाप मेहरबान है,
अपने अंतिम वक्त को आता देखता इंसान है,
इतना धरती ने सहा कि तरस गया आकाश को,
सब बढ़ रहा विनाश को ।

बार-बार किया, हर बार किया,
रौशनी को बंद कर, हमने अंधकार किया,
कुछ यूँ भी जुल्म से तंग,
सृष्टि तैयार है अपने नाश को,
सब बढ़ रहा विनाश को ।

हरियाली को धूल-धूल कर,
हम बढ़ते रहे सब भूल कर,
मंजूर अगर कामयाबी है, तो इसकी कीमत भी मंजूर कर,
दर्द समझेगा तू मिट्टी का, जब गँवाएगा अपने खास को,
सब बढ़ रहा विनाश को ।

सब जल में विलय हो जाएगा, और आकाश जलता
जाएगा,
रुकेंगे तेरे पैर, मगर समय तो चलता जाएगा,
जीवित को समझा सकते हैं, पर कौन समझा सका है
लाश को,
सब बढ़ रहा विनाश को ।

15. काल मुझे स्वीकार करे

संभव है कि मैं इंसान ही हूँ,
पर जीवन मुझमें भय-सा है,
मैं जीने वाला हूँ और भी दिन,
यह विचार मुझमें प्रलय-सा है ।
क्यों न क्रोध मेरा कल्याण करे,
और मृत्यु मेरा आहार करे,
हाँ, काल मुझे स्वीकार करे ।

क्यों कृष्ण ने प्रेम लिखा जग में?
क्यों राम ने फिर सम्मान लिखा?
सब झूठ, त्याग और कपट ही है,
फिर किसने, किसको भगवान लिखा?
मानव को मानव लिखने पर,
राहुल, मेरी कलम विचार करे,
हाँ, काल मुझे स्वीकार करे ।

जो मिट्टी काया के बने हैं बस,
जो कुछ समय में नश्वर हैं,
इंसानियत जैसा न इनमें कुछ,
और समझते खुद को ईश्वर हैं ।
अब जग से हम क्या प्रीत करें,
अपनों से क्या व्यापार करें,
हाँ, काल मुझे स्वीकार करे ।

छल-कपट का घर हूँ मैं,
काम-वासना का वर हूँ मैं,
हर पाप का आरंभ हूँ,
इस पाप को मैं स्वीकारता हूँ ।
और अब भी अगर न काल मेरा वरण करे,
तो उस काल को मैं धिक्कारता हूँ ।
इससे पहले मैं अपनी खुशी देखूँ,
और मुझको ये झूठ बीमार करे,
हाँ, काल मुझे स्वीकार करे ।

लिख सके तो जीवन मेरा दंड लिखे,
मेरा अंत लिखे, प्रचंड लिखे,
स्वाभिमान लिखे मेरे सीने पर,
मेरे मस्तक पर घमंड लिखे ।
सौ ख्वाब लिखे मेरी आँखों में,
और हाथों में समय कुछ चंद लिखे ।
कुछ पुण्य का अंश अगर मुझमें,
तो काल मुझ पर उपकार करे,
हाँ-हाँ, मुझको स्वीकार करे,
इस जीवन से उद्धार करे ।

16. यूं ही मैं सह गया

क्षण भर को मैं प्रत्यक्ष, फिर लुप्त हो गया,
कल को बटा मैं सबमें, आज गुप्त हो गया ।
दवा-दूँआ कुछ नही, सिर्फ़ दर्द है बाज़ार में,
यूं ही मैं सह गया, सब कुछ बेकार में ।

करने को मुझमें घाव, अपने देखते थे दांव,
जो मिला नसीब, फिर क्या धूप और क्या छांव ।
प्रेम नाही मुझमे, न इस संसार में,
यूं ही मैं सह गया, सब कुछ बेकार में ।

कर वफ़ा की मैं भूल, दर्द कर लिया कबूल,
थामने को मिले हाथ, जब बन गया था धूल ।
फिर शीशे जैसा टूटा, बंट गया प्रकार में,
यूं ही मैं सह गया, सब कुछ बेकार में ।

अंदर ही अंदर जल रहा,
जाने क्या मुझमें चल रहा ।
अपने ही मुझे काट रहे, गैरों की आड़ में,
यूं ही मैं सह गया, सब कुछ बेकार में ।

तकलीफ यह अनंत है,
मेरे अभिमान का यह अंत है ।
कौन गिने चीखों को इस हाहाकार में,
यूं ही मैं सह गया, सब कुछ बेकार में ।

17. कुछ इस कदर, तू कर गुजर

कर बुलंद खुद को,
कर जहाँ बुलंद,
फिर तू और तेरा वो होगा,
न होगा कोई तुझसे ऊपर,
कुछ इस कदर, तू कर गुजर ।

कर प्यार तू सबसे यहाँ,
सब हैं तेरे, तू इन सब का,
किस बात से तू है डरा,
जब सच है तेरे साथ खड़ा ।
खुद को तू कभी न
कमज़ोर कर, इक पल भर,
कुछ इस कदर, तू कर गुजर ।

हो जाने दे जो होता है,
खो जाने दे जो खोता है,
रह गया वो पीछे जो जागकर भी सोता है ।
जो दिल में ज़िंदा रह जाता है,
जीतता है फिर वो हार कर,
कुछ इस कदर, तू कर गुजर ।

खुद पर तू इनको हँसने दे,
कहते हैं जो, वो कहने दे ।
जलता है वो चिराग़ तूफानों में,
जो रहता है हाथों से घिरकर,
कुछ इस कदर, तू कर गुजर ।

क्यों रिश्ते को आज़माता है?
तू ग़म से क्यों घबराता है?
हर एक दिन यहाँ तेरा है,
बस रात ख़ुद के नाम कर,
कुछ इस कदर, तू कर गुजर ।

मान न तू हार यूँ,
दो क़दम पर तेरी जीत है ।
तू खुद ही तेरा दुश्मन है,
तू खुद ही तेरा मीत है ।
मक़सद तेरा मिसाल है,
न बैठना तू यूँ थककर,
कुछ इस कदर, तू कर गुजर ।

शंखनाद तेरी जीत का
तुझको अभी सुनना है ।
मक़सद तेरे वजूद का
अभी तुझको बुनना है ।
हो जाने दे खुद को सबका,
सब खुद में तू समेटकर,
कुछ इस कदर, तू कर गुजर ।

जारी तू एक फरमान कर,
एक पल भी न आराम कर ।
उड़ने दे खुद को तू नभ में,
अपने पंखों को आज़ाद कर,
कुछ इस कदर, तू कर गुजर ।

18. यह रक्त की आवाज़ है

क्रोध अग्निमय है, बुझ रहा चिराग है,
पाप करेगा तांडव, यह तो बस एक भाग है ।
शहर लिपटा है खौफ़ से, और सो रहा समाज है,
यह रक्त की आवाज़ है ।

सनी हुई है धरती, हर घर का रंग लाल है,
किसके इंतज़ार में गली में बैठा काल है?
धर्म है ख़ामोश, अधर्म कर रहा आगाज़ है,
यह रक्त की आवाज़ है ।

सूखे हैं होंठ सबके, आंखों में बसा भय है,
शांत है सब लोग, आने वाला कोई प्रलय है ।
रंक बना है ज्ञान, और अज्ञान अधिराज है,
यह रक्त की आवाज़ है ।

सब कर रहे हैं दुष्कर्म, अच्छाई है विचार में,
मिथ्या ही मिथ्या है, सत्य कहाँ है संसार में?
इंसान बाँटता इंसान को, यह कैसा रिवाज है?
यह रक्त की आवाज़ है ।

19. अब बस प्रलय होने को है

धरती रक्त की है प्यासी,
जीवन मौत की अभिलाषी,
होंठ अब थरथरा रहे हैं, आँखों में भय होने को है,
अब बस प्रलय होने को है ।

पढ़ा सबने हाथ की रेखा,
पर अपना अंत किसने देखा?
धर्म अब कहाँ? पुण्य, पाप में लय होने को है,
अब बस प्रलय होने को है ।

असत्य है निडर, और सत्य तर्क देता है,
ईश्वर, जानवर और इंसान में यही फ़र्क देता है,
हार चुके ब्रह्मा, अब काल की जय होने को है,
अब बस प्रलय होने को है ।

नीर बन गया ज़हर, हवा हो जैसे ज्वाला,
शांत है सृष्टि – कुछ है प्रचंड होने वाला,
कर्म तेरा हो चुका, अब परिणाम तय होने को है,
अब बस प्रलय होने को है ।

राहुल कुमार

दिशाएँ गूंजेंगी हाहाकार से,
रौशनी लुप्त हो जाएगी संसार से,
समय को भी समय नहीं – ये समय होने को है,
अब बस प्रलय होने को है ।

20. मैं मृत्यु के प्रयास में

अब रक्त जैसे पानी,
लगता है अंत ये कहानी ।
जम रहा शरीर है,
और जैसे आग मेरी सांस में,
मैं मृत्यु के प्रयास में ।

न क्रोध, न काम, न भय है,
ये मेरा आख़िरी समय है ।
मैं मुक्त जीवन के कर्म से,
मेरी आत्मा अब अवकाश में,
मैं मृत्यु के प्रयास में ।

धैर्य, धर्म और धीर गए,
आँखों से जैसे नीर गए ।
मेरी आत्मा ऐसे मरी,
जैसे रण में मारे वीर गए,
मैं, मेरा शरीर और अंतर नही कुछ लाश में,
मैं मृत्यु के प्रयास में ।

मुझे सच और झूठ में फर्क दो,
सही-गलत का तर्क दो ।
मैं पाप को समर्पित,
दे सको तो मुझको नर्क दो ।
सबको कल चाहिए मुझसे,
और मैं आज की तलाश में,
मैं मृत्यु के प्रयास में ।

सूख रही साँसें हैं,
आँखों में जैसे सागर ।
जीवन खुश है मुझको खोकर,
काल खुश है मुझको पाकर ।
सब कुछ था मेरा अपना,
और अब कुछ नहीं मेरे पास में,
मैं मृत्यु के प्रयास में ।

क्या थे मेरे जीवन कर्म?
कि मेरे पाप ये संगीन हैं ।
मुझे कुछ बूंद की है प्यास,
और धरा नीर से विहीन है ।
क्षण भर की थी कहानी,
और अब मैं दोषी हूँ इतिहास में,
मैं मृत्यु के प्रयास में ।

21. कौन जाने रंग पानी का

अंधकार की गहराई में
सच छुपी रही बुराई में,
परछाई की तलाश में
उम्र बीते मेरी जवानी का,
कौन जाने रंग पानी का ।

हर किसी का अपना किस्सा है,
ज़िंदगी बस दर्दों का हिस्सा है ।
समझ से दुनिया जी लूंगा
बस कुछ दिन मेरे नादानी का,
कौन जाने रंग पानी का ।

22. आज़माना चाहता हूँ मैं

साथ होकर भी ख़िलाफ़ रहे,
ऐसा ज़माना चाहता हूँ मैं,
अब ख़ुद को आज़माना चाहता हूँ मैं ।

मैं ज़हर में मिठास चाहता हूँ,
ग़ैरों में कुछ ख़ास चाहता हूँ,
और अपनी बदनामी से
इज़्ज़त कमाना चाहता हूँ मैं,
अब ख़ुद को आज़माना चाहता हूँ मैं ।

समझदारी तकलीफ़ दे रही है,
सोचता हूँ छोड़ दूँ,
पर उसको चाहता हूँ –
बस उसको ये समझाना चाहता हूँ मैं,
अब ख़ुद को आज़माना चाहता हूँ मैं ।

समाज जूझ रहा है इस बीमारी से,
अब कुछ नहीं होता ईमानदारी से,
बहुत घाव मिले हैं ये दौलत कमाने में,
और दुख ये है कि –
और कमाना चाहता हूँ मैं,
अब ख़ुद को आज़माना चाहता हूँ मैं ।

सूखी लकड़ियों पर रखकर,
ख़ुद को सजाना चाहता हूँ मैं,
अब ख़ुद को आज़माना चाहता हूँ मैं ।

23. सांस सीने से निकल जाए

क्या करूँ, कि सांस सीने से निकल जाए
ग़मों को पालता रहा उम्र भर,
एक क्षण को तो ख़ुशी मेरे ज़हन में पल जाए,
क्या करूँ, कि सांस सीने से निकल जाए...

आँख बंद करूँ तो अंधेरा,
खोलूं तो रौशनी चुभती है,
सांसों की गर्मी बर्दाश्त नहीं,
नस-नस में ऐसे चुभती है,
रोज़ ढलता है दिन,
एक दिन ये दर्द भी ढल जाए,
क्या करूँ, कि सांस सीने से निकल जाए...

यूँ जम गया हूँ सदियों से,
काश हवा में इतना आक्रोश हो,
कि मेरा भ्रम भी पिघल जाए,
क्या करूँ, कि सांस सीने से निकल जाए...

न ज़िंदगी कहती है जाने को,
न मौत ही मुझे बुलाती है,

जगाती हैं ये बेरहम सुबहें,
और रात गोद में सुलाती है,
काश अब मेरा रास्ता,
मेरी मंज़िल को निगल जाए,
क्या करूँ, कि सांस सीने से निकल जाए...

24. मेरा अंत मुझको प्राप्त हो

धरा दहक रही है आग से,
मैं मुक्त अपने भाग्य से ।
त्याग रहा हूँ मैं सबकुछ,
जो मिला मुझे सौभाग्य से ।
जीवन चार दिनों का है,
तो मेरा यह जीवन पर्याप्त हो,
मेरा अंत मुझको प्राप्त हो ।

मृत्यु काव्य लिखे मुझ पर,
और व्याख्या जीवन-मरण करे,
मैं शांत हूँ इस अंधकार में,
कर सके तो काल वरण करे ।
आरंभ हो एक नये कल का,
मेरा आज अब समाप्त हो,
मेरा अंत मुझको प्राप्त हो ।

जो सत्य को असत्य करे,
और कोई हो जो ऐसा व्यक्त करे ।
जो नीर को फूल करे,
और फूल को फिर से रक्त करे ।
मैं लुप्त हो जाऊँ प्रकाश में,
और सृष्टि मुझमें व्याप्त हो,
मेरा अंत मुझको प्राप्त हो ।

25. चिता के गोद में

दहक रही मेरी धड़कनें,
सुलग रही मेरी सांस हो,
अनर्थ कोई होने को जैसे
और अर्थ मेरे पास हो ।
न भाव ही है मुझमें शेष,
न मैं किसी के बोध में,
मैं हूँ चिता के गोद में ।

जैसे ज्ञान का कोई यज्ञ हो,
जैसे काल ही सर्वज्ञ हो,
अंत का न अंत हो,
मेरा अंत इतना भव्य हो ।
खुद को जैसे झोंक दूँ
जीवन-मरण के शोध में,
मैं हूँ चिता के गोद में ।

ये कौन मेरे अपने थे?
ये सच ही थे या सपने थे?
कभी माँ मुझे पुकार रही,
कभी किस्मत को कोसती क्रोध में,
मैं हूँ चिता के गोद में ।

26. क्या था जो बदल गया?

क्या कुछ था जो बदल गया,
क्या था जो मुझमें जल गया ।
अब न भेद है, न भाव है,
न दर्द ही है, न घाव है,
समय था जो चला गया, और थम गया मेरा पाँव है ।

खाली सूनी ज़िंदगी अब लग रही विशेष है,
सत्य का है आगमन, कुछ सवाल मुझमें शेष हैं ।

जैसे, क्या है क्रोध, काम क्या,
क्या है कष्ट, आराम क्या,
अपमान क्या, सम्मान क्या?

क्या धीर है, क्या धैर्य है,
मित्रता क्या है, क्या वैर है?

मैं शरीर हूँ या माटी हूँ,
मैं हूँ हवा या पानी हूँ,
मैं मृत्यु हूँ या जीवन हूँ,
या किसी कला का सृजन हूँ?

क्या पाप है, क्या पुण्य है,
क्या अंत ही एक सच और सब बस शून्य है?
किसके पीछे भागकर मैं जी रहा था अब तक,
क्या था कोई कल्पना या स्वप्न था कोई सुंदर?

क्या ज्ञान है, क्या विज्ञान है,
क्या माया है, क्या ध्यान है?

बस आँखें बंद करूँ, प्राप्त करूँ ज्ञान को,
त्याग दूँ जो मेरा नहीं,
या त्यागूँ इस अभिमान को ।

क्या कुछ कहूँ, किसे कहूँ,
कौन है जो समझ सके मेरी दशा, मेरी पीड़ा को,
या अग्नि को मैं सौंप दूँ अपने व्यथा के नीर को ।

27. मेरी मृत्यु इस प्रकार हो

अब इतनी-सी मेरी हसरत है,
इस जीवन से मुझे नफ़रत है,
क्यों न ब्रह्मा इस पर ध्यान करें
और कहें जो भी उनका मत है ।
मुझे खेलना है काल से,
मतलब न कि जीत हो या हार हो,
मेरी मृत्यु इस प्रकार हो ।

एक अहसान मैं अपने संग करूँ,
कब तक मैं व्यंग्य पर व्यंग्य करूँ?
क्यों न धरा ही मेरा त्याग करे,
इसको मैं इतना तंग करूँ,
भ्रम टूट जाए मेरे मन का,
ज्ञान पर ऐसा वार हो,
मेरी मृत्यु इस प्रकार हो ।

तू पत्थर है, भगवान नहीं,
अगर मुझे मिला श्मशान नहीं,
फिर मेरे दिल में तेरे लिए
कोई मान नहीं, सम्मान नहीं ।
संसार झूमे ख़ुशियों से,
और गगन में हाहाकार हो,
मेरी मृत्यु इस प्रकार हो ।

28. उर्मिल

प्रेम का ये भी एक रूप,
छाया कैसे छुपाए धूप ।
लोग जब देखेंगे तुझे मुड़कर,
देखेंगे धीर, त्याग और समर्पण,
देखेंगे नारी का मौन स्वरूप ।
परीक्षा की है घड़ी, और दूर अभी है मंज़िल,
लक्ष्मण चले गए हैं उर्मिल...
लक्ष्मण चले गए हैं उर्मिल ।

लक्ष्मण बैठ गए हैं रथ पर,
तूमने नज़र बिछा दी पथ पर ।
धर्म-संकट की है घड़ी,
प्राण कहीं छूट न जाए इस हठ पर ।
उम्मीदें डूब रही हैं दरिया में,
और कहीं दिखता नहीं है साहिल...
लक्ष्मण चले गए हैं उर्मिल...
लक्ष्मण चले गए हैं उर्मिल ।

फ़कत ख़त्म हो जाए इश्क़ की तलब मुझे

फ़कत ख़त्म हो जाए इश्क़ की तलब मुझे
वो आए या चैन आ जाए अब मुझे

गुमराह न हो जाऊं तेरे रास्तों पर
यूँ न हो पागल कहने लगे लोग सब मुझे

ग़ज़ब है उसको चाहने की आदत
उसको भुलाने की चाहत ग़ज़ब मुझे

सर सज्दा करना चाहता है हर चेहरे का
हर एक में दिखने लगा है रब मुझे

यूँ न मुस्कुरा ऐसे न मेरे ग़म का हल कर

यूँ न मुस्कुरा ऐसे न मेरे ग़म का हल कर
ये मेरे दिल का रास्ता है क़दम बढ़ा सँभल-सँभल कर

तेरा ये इश्क़ पहला है
हम उभर रहे हैं इससे जलकर

सोते हैं तो तेरे सपने देखते हैं
जागते हैं तो तेरी तस्वीर देखते हैं आँख मलकर

क्या हो कि तुझे पुकारें हम
साँस आ जाए गर तुम आ जाओ चलकर

मैं चाँद तोड़ लाया हूँ उस पार से

मैं चाँद तोड़ लाया हूँ उस पार से
तेरी तस्वीर निकालनी है दीवार से

लोग कहते हैं प्यार में कुछ नहीं रखा
मैं कहता हूँ क्या कुछ मुमकिन नही है प्यार से

उस दरमियाँ हम तुझे ख़ुदा समझ बैठे
देखा तो पाया तू भी मिल गया है संसार से

तेरी विदाई का ख़लिपन,मेरे जनाज़े की ये भीड़
मतलब मेरे यार अच्छे निकले तेरे यार से

हम जैसे लोग दिलों में पहाड़ ढोते हैं

हम जैसे लोग दिलों में पहाड़ ढोते हैं
बाहर खुलकर हँसते हैं अंदर खुलकर रोते हैं

ये रिश्ता ऐसे तो आगे बढ़ने से रहा
हम आपको कॉल करते हैं और आप आराम से सोते हैं

हम इतनी आसानी से किसी के होते नहीं
फिर जिसके हो गए उसके बस होते-होते हैं

यूँ न चाहो तुम चलना मेरे रास्तों पर
ये वसूलों के रास्ते हैं यहाँ बहुत ठोकर होते हैं

आराम बेचकर आराम कमाना है सबको

आराम बेचकर आराम कमाना है सबको
पेड़ बेचकर परिंदे घर बसाया करेंगे

बच्चे इसलिए भी छोड़ जाते हैं माँ-बाप को
ये सूखे पेड़ कब तक मुझ पर छाया करेंगे

अब जाकर सीखा है हमने ग़मों में जीने का हुनर
अब खुद रोकर भी ज़माने को हँसाया करेंगे

खुशबू इस कदर बरक़रार है मेरे रूह की
वो हमें भूल भी जाए हम याद आया करेंगे

काश कि ये शहर अब जंगल हो जाए
फलों से भरेंगे पेट नदियों में तैर कर नहाया करेंगे

माली ने संस्कार सींचे हैं सिर्फ़ पानी नहीं
आवारा भंवरों पर तो नहीं ये फूल साया करेंगे

तेरा फितूर और मैं दर-बदर नहीं

तेरा फितूर और मैं दर-बदर नहीं
मतलब क्या इश्क़ मुझे ख़बर नहीं

वो साथ चले जैसे सुकून शरारत प्यार और झगड़े
फिर कौन कहे एक शख़्स किसी का घर नहीं

उन दीवानों के भी सर क़लम किए गए जो इश्क़ को ख़ुदा
मानते थे
जो कहते थे प्यार लड़की का हाथ माँगता है लड़के का
सर नहीं

ऐसी जल्दबाज़ी है मुझको कुछ कर गुजरने की
माँ आज भी कहती है इस लड़के को सब्र नहीं

अच्छा लगे या बुर लगे

अच्छा लगे या बुरा लगे
उसे पाकर एक शख्स पूरा लगे

मुझ नादान को मिला वो ऐसे
जैसे किसी गरीब को दुआ लगे

उसका जाने का ज़िक्र और मेरी आँखों में पानी
जैसे चूल्हा फूंके कोई धुआं लगे

ये बाज़ी खेलनी है मुझको वो मिले न मिले
प्यार मेरा प्यार नहीं एक जुआ लगे

फर्क मुझमें और तुझमें ज़मीन आसमान का नहीं

फर्क मुझमें और तुझमें ज़मीन आसमान का नहीं
बस मैं ईमानदार थोड़ा सा और तू ईमान का नहीं

दो दिन की ज़िंदगी और इतना अभिमान
मिट्टी का पुतला है तू कोई अवतार भगवान का नहीं

मैं वो हूँ जो प्यार और पूजा में फर्क नहीं समझता
मतलब मैं भाव का भूखा हूँ किसी इंसान का नहीं

तूने तस्वीर जलाए ख़त जलाए भूलने के लिए मुझे
एक हम हैं कि ग़ज़ल भी लिखते हैं तो अपने नाम का नहीं

महक से उसके महक जाए न ये रात सारी
तो ये समझना ये महक मेरे मेहमान का नहीं

इन नशीली आँखों पर सौ दिल भी मिटे
तो ये तू है ये दाम तेरे समान का नहीं

गले लगने का वादा भी करो बस हाथ चूमना है
ये तो कोई उचित कीमत मेरे जान का नहीं

ऐसा मेरा हाल किया जाए

ऐसा मेरा हाल किया जाए
मुझे उसके हाथों हलाल किया जाए

फिर उसकी ख़ुशी देखी जाए
फिर मेरी मौत का मलाल किया जाए

हया गुलाब की तरह खिलती है उसके गालों पर
क्यों न चुम कर उनके गालों को लाल किया जाए

उसका गुस्सा शहद में उबाल देखिए
सम्भल-सम्भल कर उससे कोई सवाल किया जाए

शुरुर जाम का है उसकी याद का कमाल नहीं
ये वफ़ा प्यार की बातें न फिलहाल किया जाए

तुम मुझे अपना तो कहो हक़ से

तुम मुझे अपना तो कहो हक़ से
ये तारे क्यों न गिर जाएँ फिर फ़लक से

एक मैं हूँ जो तुमको देखता हूँ गुलाब की तरह
एक तुम हो मुझको देखती हो शक से

क्यों दिया बुझाएँ हम उम्मीद का
नज़र कैसे हटा लें हम तेरी सड़क से

जो लड़का कम बोलता था मेरी जान
परेशान हो गई हो तुम उसके बकबक से

ऐ मालिक तेरे चलाए हैं ये अभियान क्या

ऐ मालिक तेरे चलाए हैं ये अभियान क्या
दर्द खत्म हो गए हैं अब जाने वाली है मेरी जान क्या

सोचता हूँ तुझसे बेवफ़ा हो जाऊं ए ज़िन्दगी
फिर सोचता हूँ एक बाप जवान बेटे का कर सकेगा
पिंडदान क्या

इंसानियत दया प्रेम कहाँ और किसमें ढूँढूं
मतलब मुर्दो में ढूँढूं मैं अब एक इंसान क्या

सोचा था यही तक रहेंगे पाप कर्म के किस्से
अब ऊपर भी होंगे नसीब के इम्तिहान क्या

बे-ख़ुद कलम की लगती है ये लिखी ग़ज़ल
मैं पागल हो गया हूँ खत्म हो गए हैं सारे ज्ञान क्या

ज़िन्दगी थोड़ी खुशी तो हमें गवारा करे

ज़िन्दगी थोड़ी खुशी तो हमें गवारा करे
हम कब तक एक झूठी हंसी से गुज़ारा करें

क्या कुछ नहीं बिकता दवा दुआं ज़हर
खुद को बेचने वाले बस खुद को सँवारा करें

है ख़लल हमें यही कि तू अब तक नहीं मेरा
ऐ खुदा कैसे कहाँ तुझको हम पुकारा करें

कोई फर्क नहीं बाकी इंसान और साँप की फ़ितरत में
हमें संभालने वाले ये सोचकर हमें सहारा करें

उसके तलब लिए ही मरना हो नसीब मेरे
कम से कम इतना तो नुकसान मौत हमारा करे

मुंह पर मीठा और बगल से वार करता

मुंह पर मीठा और बगल से वार करता
ऐसा करता तो मैं भी सच्चा प्यार करता

अब डॉक्टर ही जाने मरीज की हालत
खुद को सौंपने के बाद क्या बीमार करता

सौंक होता मुझे भी महफ़िलों में जाने का
तो मैं भी अपनी इज्जत का व्यापार करता

मुझसे नहीं हुआ यार नहीं किया मैंने
तू ही बता क्या बहरों से दुहाई की पुकार करता

सारी ख्वाहिश अधूरी रही मुझसे मेरे अपनों की
मेरे ही न हुए तो उनके सपने कैसे मैं साकार करता

कभी कभी सोचता हूँ कि ख़ाक है कुछ दिल्लगी में

कभी कभी सोचता हूँ कि ख़ाक है कुछ दिल्लगी में
जिसकी चाह थी उसके सिवा सब मिली ज़िन्दगी में

हम समझते हैं पत्थर और पारस का अंतर
इसलिए भी तेरे आगे सर झुका लिया बन्दगी में

क्या कहूँ कि मैं भी उस आदत से परेशान हूँ दोस्तों
जो बुराई देखता था मैं आप सभी में

ये दुनिया ऐसे आंख वालों से भर गई है राहुल
जो जोंक ढूंढते हैं आसमान में जुगनू खोदकर ढूंढते हैं
ज़मीं में

आजकल ऐसे मैं अपना फरेब देखता हूँ

आजकल ऐसे मैं अपना फरेब देखता हूँ
खुद आइना भी नहीं देखता और दूसरों में ऐब देखता हूँ

इंसान इंसान नहीं जैसे फ़रिश्ता हो जाता है
जब दुआओं के लिए खाली होता कोई जेब देखता हूँ

एक शख्स का कद कद्र फिर कितना हो जाता है
जब सुंदर चेहरों के पीछे इंसान कोई बद-ज़ेब देखता हूँ

उस शख़्स को जन्नत भी कहाँ राज़ आए

उस शख़्स को जन्नत भी कहाँ राज़ आए
जिसने जाम पढ़ा तालीम हो मयख़ाने की

मुद्दतों बाद किसी ने हाल पूछा हाल-ए-दिल बयां किया तो
वो भी दूर निकल आए जिन्हें जल्दी थी जाने की

तुम तो जानती थी मैं लफ़्ज़ नहीं तेरी आँख पढ़ता हूँ
फिर भी झूठ आख़िर ज़रूरत क्या थी बहाने की

न आ सका चाँद कभी इशारे से छत पर
मुझको ज़रूरत ही क्या थी अंधों से आँख लड़ाने की

वो शख़्स ठोकरों से यूं तो नहीं डरता
जिसे हो आदत मेहनत की खाने की

वो तो गुज़र गए कुचल कर मिन्नतें मेरी
और इरादा हमने किया था हद से गुज़र जाने की

दिलों ने ही संभाला उसकी सारी यादें
मन ने सोचा था इसे जलाने की

उसकी सुनने के बाद हमने किसी की सुनी नहीं
अब क्या कहेंगे लोग कैसे सुनूंगा मैं ज़माने की

सच समझेंगे लोग तो ऐसे हैरत करेंगे

सच समझेंगे लोग तो ऐसे हैरत करेंगे
कितना बोलता हूँ मैं ? जैसे जानता जमाना कुछ नहीं

माँ माथा चूमे तो जैसे कितना इतराता हूँ
फिर दुनिया भर की दौलत क्या कोई खजाना कुछ नहीं

इस उल्फत में ऐ ज़िन्दगी मैं तुझे जीये जा रहा हूँ,
जैसे समय का आना कुछ नहीं उम्र का जाना कुछ नहीं

किस्मत में लिखा हो तो गले मिलती है खुशियाँ
वरना पसीना बहाना क्या? खून बहाना कुछ नहीं

अपनी चालाकियों से राहुल मैंने क्या कुछ नहीं पाया
जलती चिंताएँ देखूं तो यहाँ पाना कुछ नहीं यहाँ से जाना
कुछ नहीं

आप भी परेशान है मेरी हकीक़त से

आप भी परेशान है मेरी हकीक़त से
आंसू यूँ तो नही आ रहे मेरे ख़त से

हाँ ये ठीक है तेरी गली से मैं गुजरता था
पर तू भी तो देखती थी छत से

तू रख पाया न तेरे वादों का भरम
मैं भी बेईमान हो गया हूँ जब से

सच कहती हो कहो सरेआम जाना
लोगो से डरती हो या डरती हो रब से